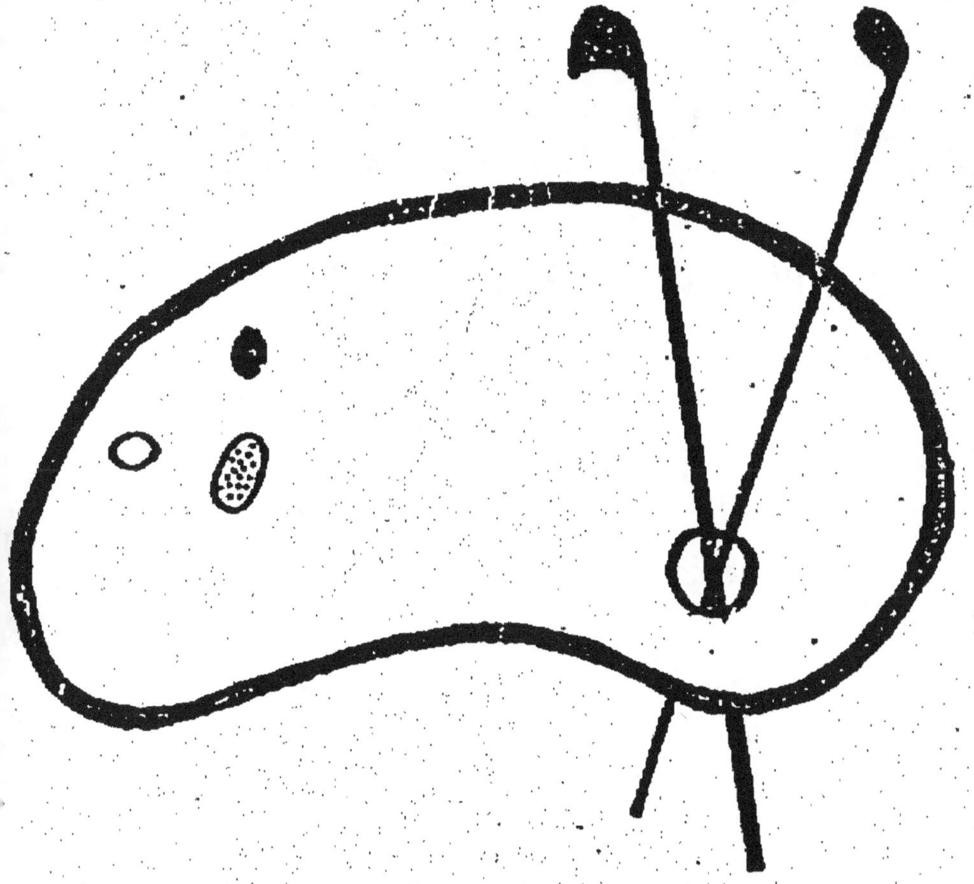

DEBUT D'UNE SERIE DE DOCUMENTS
EN COULEUR

# CHARROUX

## SON ABBAYE, SES RELIQUAIRES

« *Salva nos, Christe Salvator.* »
« Sauvez-nous, ô Christ Sauveur. »
(*Office de la Croix.*)

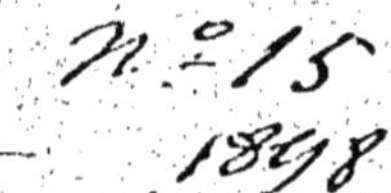

LIBRAIRIE RELIGIEUSE H. OUDIN

| PARIS | POITIERS |
|-------|----------|
| DE MÉZIÈRES, 10. | 4, RUE DE L'ÉPERON, 4 |

1898

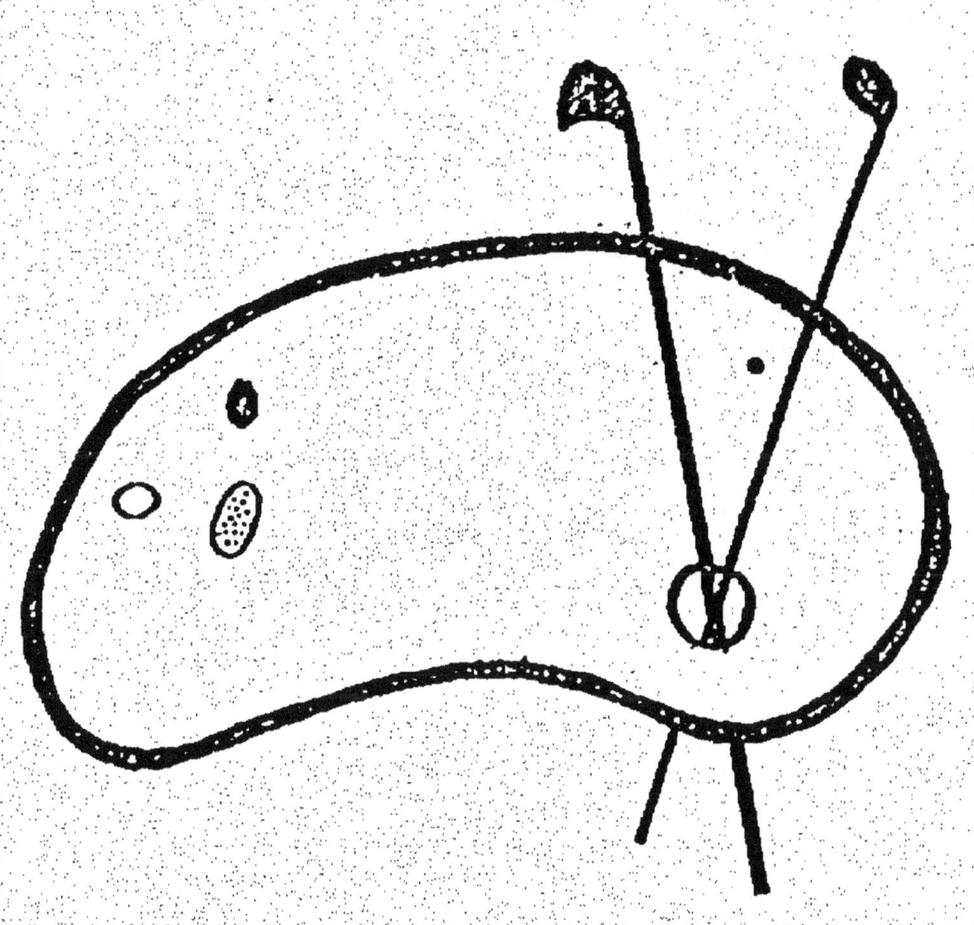

FIN D'UNE SERIE DE DOCUMENTS
EN COULEUR

# CHARROUX

## SON ABBAYE, SES RELIQUAIRES

*« Salva nos, Christe Salvator. »*
*« Sauvez-nous, ô Christ Sauveur. »*
*(Office de la Croix.)*

*par Robin
curé-doyen de Charroux*

## LIBRAIRIE RELIGIEUSE H. OUDIN

PARIS | POITIERS
10, RUE DE MÉZIÈRES, 10. | 4, RUE DE L'ÉPERON, 4

1898

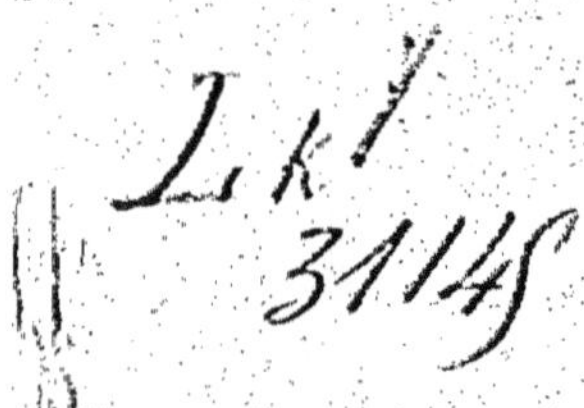

# NOTE DU RÉDACTEUR

La présente notice a pour but de réunir dans une courte monographie tout ce qui a été dit d'intéressant dans différents ouvrages sur Charroux, tels que l'*Abbaye de Charroux* par M. de Chergé ; les *OEuvres* de Monseigneur Pie ; *OEuvres complètes* de Mgr Barbier de Montault ; l'*Indicateur archéologique de l'arrondissement de Civray* ; *Description des reliquaires de Charroux* par M. A. Brouillet ; et enfin la dernière édition d'*Adémar de Chabannes*, chroniqueur du XI<sup>e</sup> siècle.

Ces auteurs se complètent mutuellement ; ils ont puisé aux sources et consulté les écrivains qui les ont précédés. Le véritable historien ne se contente pas de lire les chartes, diplômes et actes qui sont aux archives ; il recueille les traditions acceptées de tout temps et conservées avec soin par les auteurs graves et consciencieux, sans les confondre avec les légendes populaires ordinairement très inexactes, même lorsqu'elles ont un fond de vérité. En rejetant trop légèrement ces traditions autorisées, la critique moderne en arrive à tronquer et à défigurer l'histoire, sous prétexte d'assurer sa véracité.

Du reste, c'est en faisant la part de ce qui est certain et de ce qui est seulement probable que nous offrirons au lecteur l'histoire authentique de la ville et de l'abbaye de Charroux.

En la fête de l'Exaltation de la Sainte Croix.

*Charroux, ce 14 septembre 1897.*

# CHARROUX

## SON ABBAYE, SES RELIQUAIRES

« *Salva nos, Christe Salvator,* »
« Sauvez-nous, ô Christ Sauveur. »
(*Office de la Croix.*)

---

Jésus-Christ a dit que son royaume n'était pas de ce monde. Pourtant il n'a prêché que le royaume de Dieu qui est le sien, et il donne la vraie grandeur à ceux-là seulement qui travaillent à le faire régner ici-bas. Tout ce qui est grand et beau, institutions, sociétés, doctrines, doit commencer par Jésus-Christ, s'appuyer sur lui sous peine de déchoir et de disparaître, et revenir à lui pour retrouver la gloire ou recouvrer la vie, le Fils de Dieu étant venu sur la terre pour sauver ce qui était perdu.

La vraie grandeur est chrétienne. La Rome du Christ surpassera toujours la Rome païenne en grandeur comme en durée ; les conquérants de l'antiquité resteront toujours inférieurs aux rois vraiment chrétiens. Alexandre avec tout son génie et ses stériles exploits n'est qu'un magnifique météore. Charlemagne à lui seul est une époque, parce qu'il a aidé l'Eglise à civiliser son siècle ; descendu dans la tombe, il éclaire encore l'Occident, comme le soleil qui laisse après lui des rayons lumineux lorsqu'il a disparu à l'horizon. Aucun César ou Pharaon n'a eu le doux et merveilleux éclat d'un saint Louis, père du peuple, protecteur des faibles et arbitre des souverains ;  guerrier intrépide pour faire triompher la croix sur la barbarie et non pour tenter de vaines conquêtes ; saint, fier et roi toujours dans les fers comme sur le trône. La France a trouvé sa grandeur dans son amour pour le Christ ; et si, même aujourd'hui, notre chère patrie conserve une place à part parmi les nations, elle le doit à cette générosité foncièrement chrétienne qui la fait se dévouer pour les grandes causes et demeurer ainsi, presque sans le savoir, le vaillant soldat du Christ.

La main du Sauveur élève nécessairement tout ce qu'elle touche. Charroux, qui a sa petite page dans l'histoire, en a fait l'expérience : la piété l'a fondé, l'a rendu célèbre, l'impiété l'a détruit ; et c'est encore la religion qui dans de minimes proportions lui rend quelque chose de son passé, lui vaut l'attention des savants et le respect des peuples.

*<br>* *

Situé au centre d'un triangle formé par Poitiers, Angoulême et Limoges, Charroux fut fondé par Charlemagne. Un des comtes nouvellement créés et établis dans le pays d'Aquitaine pour le défendre contre les incursions des Sarrasins et des Gascons, Roger comte de Limoges et son épouse Euphrasie, n'ayant point d'enfants, eurent la pensée de consacrer un domaine et une somme d'argent à l'établissement d'un monastère. Le grand roi non seulement approuva leur pieux dessein, mais il en fit son œuvre et chargea le comte de construire sur le terrain offert une abbaye avec son église.

C'était sur la rive gauche d'un petit ruisseau qui, avant de se jeter dans la Charente, séparait le Poitou de la Basse-Marche ; le versant opposé appartenait aux comtes de la Basse-Marche. Marche signifie frontière, la Basse-Marche bornant le Limousin, le Poitou, le Berry et l'Angoumois. Il est difficile de savoir jusqu'à quel point cette contrée était habitée. Les voies romaines qui s'y croisaient, les camps retranchés disposés dans les environs montrent que ces lieux furent, à l'époque romaine, le théâtre de luttes sérieuses, et que la bourgade gauloise avait existé autrefois ; mais elle était probablement bien réduite quand la ville féodale commença à s'élever. Il est à croire que l'endroit où s'éleva l'abbaye était alors une forêt, une vieille légende disant que les arbres s'étaient abattus d'eux-mêmes pour désigner et laisser libre le terrain où il fallait bâtir l'église.

« Lorsque l'abbaye se fonda, disait Jaubert, abbé de Charroux, dans ses démêlés avec le comte de la Marche, il n'y avait alors audit lieu aucune ville, bourg ou village ; mais le temps ayant fait que peu à peu on a bâti quelques maisons aux environs de ladite abbaye, il s'y est établi une paroisse, et peu après une ville fermée de murailles. »

Ces constructions se trouvant sur deux domaines différents, Charroux se composa d'abord de deux bourgs, le premier appelé Bourg-l'Abbé, groupé sur le versant gauche auprès du monastère, sous le pouvoir duquel il se trouvait ; le second appelé bourg du Comte. Son extension fut si rapide que, cent ans à peine après sa fondation, les comtes de la Basse-Marche vinrent s'y établir, firent de Charroux leur capitale et y battirent monnaie pendant plusieurs siècles. Leurs ateliers monétaires étaient situés dans une sorte de souterrain dont on voit encore les restes dans la rue qui a conservé le nom de rue de la Batterie.

De ce voisinage et de ces possessions mélangées il résulta plus d'un conflit. Avec le temps et par la force des choses, l'influence de l'abbaye grandit et la puissance du comte diminua, en sorte que, de droit, la ville devint à peu près entièrement dépendante de l'abbaye, et le Parlement de Poitiers fit défense au comte de la Marche de continuer une forteresse qu'il voulait élever à la place de l'ancien château. En 1474, Jacques d'Armagnac transporta le siège du comté dans la ville du Dorat. Robert du Dorat prétend que Charroux était alors aussi étendu que Limoges. Peut-être les fêtes des Ostensions du Dorat ont-elles pris leur origine dans l'imitation de la fête si célèbre des Ostensions de Charroux.

*
* *

Cependant le comte Roger ayant mené à bonne fin l'entreprise dont il était devenu le mandataire, vint vers le roi à Aix (-la-Chapelle) pour se décharger du commandement qu'il avait reçu de construire l'abbaye et de la doter.

« Alors, dit Besly, le roi se demandant de quel nom il appellerait sa nouvelle création, après avoir pris avis de son entourage, il décréta qu'on la nommerait Carrofum. » Cette étymologie n'est pas tellement certaine qu'on la doive accepter ; l'histoire de Charroux et les reliques dont elle fut enrichie en ont fait naître plusieurs autres qui ne s'imposent pas davantage ; la plus probable serait d'origine celtique. Quoi qu'il en soit, dès le IX° siècle on disait Saint-Charroux, Sanctus Carrofus, à cause des nombreuses et insignes reliques qui y étaient vénérées.

La charte de fondation de l'abbaye est datée du quatorzième jour des calendes de juillet de la cinquième année du règne de Louis, roi d'Aquitaine sous son père Charles, 18 juin 785. « Charlemagne, dit Mézeray, fonda une infinité d'églises, entre autres Saint-Jacques-de-l'Hôpital à Paris, etc., et Charroux en Poitou. »

Ses relations avec les empereurs d'Orient et avec Aroun-al-Raschid procurèrent au glorieux roi des Francs de nombreuses reliques, les souverains de Constantinople et le calife sachant ne pouvoir être plus agréables à ce pieux monarque qu'en lui offrant des objets sacrés, si précieux pour sa foi. Sa résidence d'Aix-la-Chapelle était un immense reliquaire, et l'abbaye de Charroux jouissant des faveurs royales reçut sa part de ce trésor, quantité de reliques illustres, particulièrement un morceau considérable de la vraie Croix dont il sera parlé plus loin ; en plus une riche bibliothèque composée d'ouvrages importants et de manuscrits rares, avec nombre d'objets destinés au culte divin, trois croix, deux calices, sept encensoirs, cinq tables, quatre candélabres, le tout en or, de magnifiques ornements et un missel chef-d'œuvre d'art scripturaire, avec sa couverture d'or.

Le comte de Limoges ayant fait son testament en faveur de l'abbaye, Charlemagne le sanctionna, le scella de son anneau à Aix-la-Chapelle en 799. La nouvelle fondation fut placée sous la règle de saint Benoît ; douze religieux furent chargés du soin de ses autels ; elle fut en même temps dotée de grands biens, de revenus et de privilèges.

Or, dans la même année, il arriva que le saint pape Léon III, maltraité, outragé et chassé de Rome par une faction audacieuse et impie, vint en personne demander sa protection au roi des Francs. Fils respectueux et très aimant, Charles avait reçu avec tout l'empressement et la solennité possibles le vicaire de Jésus-Christ, allant à sa rencontre avec une armée de cent mille hommes.

Le Souverain Pontife demeurant quelque temps dans le palais d'Aix-la-Chapelle, pour être agréable à son généreux défenseur, accompagné de Bertrand, évêque de Poitiers, et d'un grand nombre de prélats, il se

1*

rendit à Charroux, où il célébra la dédicace de l'église qui fut mise sous l'invocation du saint Sauveur, de la Vierge Marie et de tous les Saints, le 14 juin.

Deux ans après, Charlemagne étant empereur, Léon III adressa à tous les évêques d'Aquitaine une bulle dans laquelle, après leur avoir rappelé la dédicace qu'il avait faite avec eux, il mettait l'abbaye et tous ses biens sous leur protection, et confirmait le diplôme scellé de l'anneau de Charlemagne qui l'exemptait de l'autorité des évêques et de tous droits de la part du pouvoir séculier. Dans la suite, Louis le Débonnaire, Lothaire et Charles le Chauve continuèrent en faveur de l'abbaye les libéralités du premier empereur d'Occident, maintenant ses privilèges et lui octroyant de nouvelles reliques et de nouveaux présents.

*<br>* *

Adémar de Chabannes, chroniqueur du xi<sup>e</sup> siècle, qui dans son ouvrage donne incidemment des détails intéressants sur Charroux, va continuer notre récit.

Les Normands poussant leurs incursions et leurs ravages jusque dans le Poitou, en 900, les moines de Saint-Charroux portèrent leur précieuse relique de la Croix et autres richesses de leur église à Angoulême, pour les mettre à l'abri des dévastations de ces barbares. En effet, l'abbaye fut alors pillée et l'église brûlée. Mais quand les hommes du Nord se furent retirés, le comte d'Angoulême Audouin, loin de vouloir rendre la relique qui lui avait été confiée, résolut de construire, hors les murs, une église au saint Sauveur pour y conserver le bois sacré. A partir de ce moment, pendant sept années, il fut affligé d'une maladie de langueur, et une cruelle famine affligea son peuple ; en sorte que consentant à restituer à Charroux le précieux dépôt, et l'ayant mis dans une châsse d'or, il l'y fit porter par son fils Guillaume Taillefer, ainsi nommé parce que, dans un combat singulier avec un chef normand, il avait d'un coup d'épée tranché la cuirasse et le buste de son ennemi.

Qu'il nous soit permis d'intercaler ici une autre chronique qui ne sera pas un hors-d'œuvre, puisqu'elle se rapporte à une relique dont nous possédons un fragment.

Charles le Chauve qui, sans avoir le génie de son aïeul Charlemagne, avait hérité de sa piété, considérant l'église de Chartres, le plus ancien sanctuaire consacré à la Mère de Dieu, comme le centre du culte de vénération et d'amour rendu à Marie dans toute l'étendue de son royaume, lui fit don de l'insigne relique du voile ou vêtement intérieur de Marie, appelé tunique de Marie, parce qu'en effet ce voile en tenait lieu, jusqu'à un certain point, chez les femmes de la Judée.

Or, l'an 911, Rollon, le plus terrible chef de ces Normands qui, plusieurs années auparavant, avaient brûlé l'église de Charroux, vint mettre le siège devant Chartres. Pressés par l'armée nombreuse de ce chef formidable, les Chartrains appelèrent à leur secours le comte de Bourgogne, Richard le Justicier. Celui-ci accourut à leur appel et livra vigoureusement bataille aux assiégeants. Les barbares néanmoins conservaient l'avantage, lorsque l'évêque Gausselin, divinement inspiré, vint se placer sur le haut de la porte Neuve, exposant aux regards des païens la tunique intérieure de Notre-Dame. A cette vue, Rollon troublé pâlit et chancelle ; ses indomptables compagnons s'arrêtent, saisis d'une frayeur surnaturelle, et, sur l'ordre de leur chef, se retirent en bon ordre, montrant par là qu'ils cédaient plutôt à une force divine qu'à la crainte des hommes.

Adémar nous racontera maintenant des événements qui lui sont contemporains.

Aldebert, comte de Périgueux, dans la guerre qu'il

fit aux habitants de Poitiers, en 990, ayant pris Gençay, se réjouissait de sa victoire, quand il fut atteint mortellement d'une flèche. Avant de mourir, il demanda à être enseveli à Saint-Charroux.

Audouin, évêque d'Angoulême, était revenu heureusement, en 1003, d'un pèlerinage qu'il avait fait aux Lieux Saints ; son retour, considéré comme une bénédiction du ciel, fut marqué par une recrudescence admirable des miracles qui se faisaient au tombeau de saint Cybard, dans sa ville épiscopale. Dans le même temps, il arriva que Foucher, abbé de Saint-Charroux, et ses religieux eurent une vision extraordinaire et révélation d'aller, en pèlerinage, porter au tombeau du saint, à Angoulême, le bois de la Croix. Ce qu'ils firent. Ils furent reçus avec la sainte relique par l'abbé Réginald le jour même de la fête de saint Cybard. Après avoir satisfait leur piété, les moines de Saint-Charroux, prenant congé de leurs frères d'Angoulême, s'en revinrent avec le bois de la croix.

Sept années plus tard, en 1010, il plut à Dieu, dit Adémar, d'illustrer le temps où Guillaume le Grand, seigneur sage et aimable entre tous, libéral défenseur des pauvres et fidèle ami de l'Eglise romaine, était comte de Poitiers et gouverneur d'Aquitaine. L'illustre abbé Audoin découvrit dans l'église d'Angély (Saint-Jean-d'Angély) une relique qu'on dit être la tête de saint Jean-Baptiste. A cette nouvelle, le duc Guillaume, qui revenait de Rome après les fêtes pascales, fut rempli de joie. Il décréta une ostension solennelle de la sainte relique. La tête du saint Précurseur fut mise dans un très beau reliquaire d'argent en forme d'encensoir. On vint la vénérer de tous les points de la France, d'Espagne et d'Italie. Le roi de France Robert, la reine et le duc Guillaume furent parmi les pèlerins ; et les monastères d'Aquitaine firent tour à tour le voyage d'Angély, y portant en procession les reliques de leurs saints pour honorer le Précurseur de Jésus-Christ.

Cette relique de saint Jean-Baptiste consistait en la boîte crânienne et les deux vertèbres les plus rapprochées de l'occiput. La partie antérieure de la tête est à Amiens. Nous verrons plus loin comment la relique de Saint-Jean-d'Angély a disparu.

Cependant, de Limoges en particulier, un immense concours de fidèles se joignit aux moines, au clergé et aux nobles, présidés par Gérald leur évêque accompagné de l'abbé Geoffroy, pour porter à Angély avec une pompe inexprimable le corps du bienheureux saint Martial. Il fut décidé qu'on passerait par Saint-Charroux pour y faire une station solennelle dans l'église du Saint-Sauveur. Avertis de l'approche du pieux cortège, les religieux de cette abbaye et tout le peuple de la ville vinrent à sa rencontre, déployant toutes leurs richesses, et faisant entendre des chants admirables. Ils introduisirent les pèlerins jusqu'à l'autel du Sauveur, et lorsque la messe eut été célébrée, ils les accompagnèrent quelque temps avec le même apparat.

Ce même Guillaume le Grand, ayant à soumettre plusieurs vassaux rebelles, dut assiéger le château de Rochemaux, qui touche Charroux. Pour lui faire lever le siège, Boson, comte de la Marche, vint en forces avec ses meilleures troupes lui livrer bataille ; il fut vaincu, pris et envoyé à Poitiers, et le château fut emporté d'assaut. Guillaume fit ensuite grâce à Boson et lui rendit la liberté en 1014.

En cette même année, le très puissant abbé de Charroux, Pierre Iᵉʳ, n'ayant pas été élu régulièrement et gouvernant l'abbaye d'une façon trop séculière, Guillaume le fit remplacer par un vrai serviteur de Dieu, Gombaut II, d'abord abbé de Saint-Savin. Une comète en forme d'épée apparut pendant l'été de

1014, dans la direction du septentrion. En cette même année, nombre de villes, de bourgs et de monastères souffrirent de violents incendies, entre autres le monastère de Charroux, qui fut consumé par accident avec la basilique du Sauveur.

D'après le vieux chroniqueur, ce fut en 1020 que Girald, évêque de Limoges, dont il vient d'être parlé, et trésorier de l'église de Saint-Hilaire de Poitiers, se rendant dans cette ville pour la fête de tous les Saints, tomba malade à Saint-Charroux ; après quinze jours il mourut et y fut enseveli. On mit, ajoute-t-il, dans son tombeau une lame de plomb portant gravée cette inscription : Ici repose Girald, évêque de Limoges, qui décéda le troisième jour des ides de novembre (11 novembre).

Les restes du vénérable évêque furent retrouvés en 1850, et transportés solennellement dans l'église paroissiale, le sept novembre, presque au jour anniversaire de son ordination et de sa mort, par Mgr Pie, assisté de Mgr Cousseau, évêque d'Angoulême. L'inscription tracée sur le plomb, et indiquée par Adémar, les insignes épiscopaux trouvés avec le corps dans le sarcophage après huit cent trente ans, ne permettaient pas de douter de son identité.

Le même comte Guillaume le Grand provoqua en 1028 la réunion d'un concile à Saint-Charroux, dans le but d'éteindre la détestable hérésie des Manichéens qui se répandait de plus en plus. A cette occasion il convoqua les seigneurs d'Aquitaine, auxquels il recommanda de garder la paix et d'avoir pour l'Eglise catholique le plus grand respect. Il s'était déjà tenu à Charroux, en 990, un premier concile, où les évêques de la province de Bordeaux, reconnaissant que les mœurs s'étaient corrompues et que les mauvais germes pullulaient dans nos contrées à la faveur du trop long retard d'une assemblée synodale, s'étaient réunis, avec le secours de Dieu, afin de déraciner les abus nuisibles et de planter les réformes utiles.

Il y eut un troisième concile en 1082. Boson, évêque de Saintes, y fut déposé par les évêques d'Aquitaine, qui consacrèrent un des autels de la basilique et firent, avant le concile, l'Ostension des célèbres reliques de l'abbaye.

Enfin Charroux eut un quatrième concile, en 1086.

Parmi les dons les plus remarquables faits à l'abbaye dans le cours du xi⁰ siècle, en voici trois qui ne doivent pas être passés sous silence.

Guillaume, prince d'Auvergne, ayant à restituer plusieurs églises et domaines pris à l'abbaye pendant les guerres des Normands, ajouta à cette restitution la donation du monastère d'Issoire, en 1050, lequel devint lui-même dans la suite une abbaye.

Engebram, comte de Flandre, et Emma sa femme firent don, en 1074, du village de Ham à l'abbaye de Charroux, afin d'en faire une autre abbaye sous sa dépendance.

Le monastère d'Andre, également situé en Flandre, fut donné à Charroux en 1084, et devint encore une abbaye. Tous ces droits furent confirmés par le pape Urbain II. Ham, Andre et Issoire, une multitude de prieurés et de monastères regardaient donc l'abbaye de Charroux comme leur mère, et son abbé avait sur eux une pleine autorité.

*\
* *

La basilique témoin de ces conciles et de ces fêtes, deux fois brûlée, dut être reconstruite à plusieurs reprises. Mais tout porte à croire que la forme générale demeura telle qu'elle fut conçue par le premier architecte, et que plusieurs parties du monument primitif, non entièrement détruit, furent conservées, d'abord dans la première réédification qui suivit l'incendie relaté par Adémar, en 1014, puis dans la seconde à la suite d'un nouveau désastre arrivé en 1136. Evidemment l'ensemble date presque en entier du milieu du XIIe siècle, à part le portail qui serait du XIIIe. Cette conservation de différentes parties de l'ancien édifice et du plan primitif expliquerait comment plusieurs ont pu croire que l'église datait de Charlemagne, et pourquoi la basilique de Charroux est demeurée, dans sa forme, un monument à part, aussi original que remarquable. « Il est permis de croire, dit M. de Chérgé, que cette forme fut donnée dès le principe, alors que Charlemagne venait de recevoir d'Aroun les clefs des Saints Lieux et le titre de gardien du saint Sépulcre, alors qu'une médaille représentant ce vénérable monument venait d'être frappée en l'honneur du titre conféré au monarque français, alors surtout que le roi plaçait le morceau de la vraie Croix qu'il avait reçu du patriarche de Jérusalem dans sa nouvelle abbaye, et qu'il mettait cette abbaye sous l'invocation du saint Sauveur. »

Il est certain que l'église fut bâtie sur pilotis, que des canaux adroitement pratiqués sous terre éloignaient l'eau des fondements et la dirigeaient, pour les usages auxquels elle était destinée, dans l'intérieur du monastère.

Dom Fonteneau, qui la mesura en 1758, dit que la longueur totale de l'édifice était à l'extérieur de trois cent soixante-quatorze pieds, ancienne mesure, soit 126 mètres en comptant la sacristie; la largeur des nefs de quatre-vingt-un pieds, soit 27 mètres; et celle du chœur, de forme circulaire, de 45 mètres ou cent trente-cinq pieds.

Voici le plan et, autant que possible, les détails de cette admirable construction.

D'abord le parvis avec cinq portes, dont trois de face et deux latérales, fortifié militairement dans sa partie supérieure. Sous ce parvis se trouvaient les orgues et les statues colossales de Charlemagne et de Roger, avec deux inscriptions indiquant que l'un était le fondateur et l'autre le constructeur de l'église.

Le porche, avec ses arcades majestueuses, aux archivoltes semées de feuillages variés serpentant mollement et avec grâce. Chaque cercle de la voûte était orné de crochets terminés par des fleurons de formes diverses, découpés avec une exquise élégance.

L'arcade du milieu était plus grandiose et plus élevée. Sous une archivolte où courait une guirlande légère de roses, venait une première bande ornée de statues assises, représentant quatorze comtes drapés de leurs manteaux et tenant à la main une sorte de sceptre.

La deuxième bande représentait quatorze abbés en habits pontificaux. Chaque statue était en relief, d'une seule pierre d'environ un pied et demi ; leur exécution était telle qu'elles mériteraient toutes être dessinées.

Après la seconde bande le porche allait en diminuant et les cercles de la voûte étaient chargés d'anges ayant des encensoirs et des calices, d'hommes et de femmes tendant les bras vers le Sauveur, de saints occupés à faire des lectures ; enfin les douze apôtres décoraient la dernière bande.

Dans le tympan, le souverain Juge, foulant aux pieds le dragon, était entouré de six anges dont l'un tenait en main la Croix du Fils de l'homme. Sur le linteau de la porte se voyait en bas-relief la résurrection des morts, en sorte que l'ensemble de ce portail figurait le jugement dernier.

Au-dessus du porche régnait un vaste mur percé de quatre ouvertures en demi-cercle, sorte de vomitoires qui donnaient entrée sur la plate-forme du parvis pour favoriser la défense.

En arrière de ce mur s'élevait la tour carrée, servant de clocher, haute de 54 mètres, nouvelle mesure, large de 9 mètres sur chaque face, et surmontée d'une flèche ; à droite et à gauche de la tour s'élevaient deux clochetons en tout semblables à ceux qui décorent la façade de Notre-Dame de Poitiers.

En descendant douze marches, on entrait dans les trois nefs voûtées en plein cintre, séparées entre elles par dix-huit colonnes formant neuf travées.

De la nef on montait par cinq ou six marches dans l'immense chœur de forme circulaire avec ses trois déambulatoires : le premier entre les chapelles et un rang de vingt-deux colonnes ; le second entre ces colonnes et une seconde ligne de quatorze colonnes; le troisième entre ce dernier rang et huit magnifiques faisceaux de colonnes formant le sanctuaire et supportant la tour octogone, haute de 50 mètres, construite pour servir de dôme au maître-autel consacré à saint Maurice. Sur cinq côtés on montait à ce sanctuaire par dix ou douze marches circulaires. Le maître-autel, fait d'une seule table de pierre portant sur quatre blocs, avait par derrière une ouverture et formait une sorte de coffre où l'on mettait les reliquaires. Il fut brisé au commencement du siècle dernier.

Le chœur, dont l'aspect majestueux imprimait le recueillement, était surmonté de trois voûtes de différents étages au-dessus des trois déambulatoires. Autour du chœur se trouvaient cinq chapelles, avec chacune son abside ; dans celle du milieu, plus grande que les autres, consacrée à la sainte Vierge, étaient disposées les stalles des chanoines de l'abbaye.

Sous l'autel Saint-Maurice et dans toute la largeur du sanctuaire était la crypte, où l'on pénétrait par deux entrées placées sur les côtés. C'est dans cette crypte que s'élevait l'autel des Miracles. Autour de cet autel, six piliers d'une délicatesse remarquable soutenaient la voûte de la crypte et l'autel de Saint-Maurice. Près de l'entrée de droite coulait la fontaine dite de Saint-Sauveur, célèbre par les nombreux miracles qui s'y opéraient et par la vénération des fidèles qui venaient chercher dans ses eaux salutaires la guérison de leurs maux. Cette fontaine était alimentée par un puits très profond renfermé dans l'intérieur de l'église; ce puits recevait lui-même l'eau d'une fontaine située hors de la ville.

Chaque partie de la basilique avait son entrée particulière; du côté des cloîtres les ouvertures étaient plus nombreuses; l'une d'elles qui conduisait au chœur existe encore parfaitement conservée.

L'abbaye était fortifiée par son église elle-même flanquée de tours. D'autres tours défendaient le monastère; l'une d'elles, dite tour de l'Aumônerie, se voit encore près d'une des belles portes, formant porche et sous laquelle passe la rue.

*<br>* *

Quelle que soit la date exacte de sa dernière reconstruction, la basilique fut de nouveau honorée par la visite d'un autre pape qui en fit la dernière dédicace. Dans la dixième session du concile de Clermont, en 1095, saint Urbain II mit à exécution son dessein de se faire lui-même l'avocat de la croisade. Parmi les cardinaux, les évêques, les abbés, les ambassadeurs, les princes et autres puissants seigneurs qui primaient dans cette assemblée en plein air de plus de cent mille personnes, se trouvaient saint Hugues, abbé de Cluny, et Pierre II, abbé de Charroux. « Le pape de la Croisade, qui avait été la gloire de l'abbaye de Cluny, dit l'auteur de l'*Histoire de l'Eglise universelle*, vint à Charroux, bâti à la fin du viii° siècle, enrichi par Charlemagne d'une bibliothèque dont le savant Alcuin avait dirigé la composition et donné le catalogue.

L'église de Charroux était alors une des plus belles églises de France. Le pape y consacra solennellement, le 10 janvier 1096, un nouveau maître-autel érigé par l'abbé Pierre. Il se fit présenter les originaux authentiques des privilèges conférés au monastère par les papes saint Léon IX et Alexandre II, les renouvela, et y ajouta une immunité spéciale, en réservant aux seuls pontifes romains d'excommunier les religieux de Charroux ou de jeter l'interdit sur leur abbaye. Le 13 janvier, Urbain II célébrait la fête de saint Hilaire à Poitiers, et le 22 du même mois il consacrait dans cette ville l'autel de l'abbaye du Monastère-Neuf (Montierneuf). »

Partout le vaillant et saint pontife faisait préparer des milliers de croix en étoffe que les hommes venaient recevoir de ses mains, pour la coudre sur leurs habits et s'engager à partir, en l'entendant prêcher la grande expédition qui devait délivrer Jérusalem et sauver la chrétienté menacée par les Turcs et les infidèles. Spécialement à Charroux, entouré du cardinal Jean, des archevêques de Bordeaux, de Lyon, de Pise et de Réggio, de l'évêque de Poitiers et de nombreux prélats, dans ces lieux où la relique insigne de la vraie Croix, d'autres reliques de la Passion et du saint Sépulcre étaient si solennellement vénérées, le vicaire de Jésus-Christ, déjà si éloquent, dut trouver, à parler de la croisade, de ces accents qui enflamment les cœurs ; l'église, les cours du monastère et la place publique durent retentir bien des fois du fameux cri : Dieu le veut !

Dans la bulle qu'Urbain II adressa, cette même année, à l'abbaye pour confirmer tous ses privilèges, se trouve la liste exacte des principales possessions de l'abbaye à cette époque : cent églises, dont quarante dans le diocèse de Poitiers et quelques-unes en Angleterre, deux abbayes, six monastères, deux châteaux forts, etc. Ces immenses richesses s'accrurent encore de nombreuses donations faites par les rois, les évêques et les seigneurs. Outre la basilique et l'église paroissiale dédiée à saint Sulpice, il y avait alors à Charroux sept autres églises desservies par les religieux : Saint-Michel qui fut église paroissiale conjointement avec Saint-Sulpice jusqu'au passage des huguenots ; Saint-Pierre, Saint-Laurent, Saint-Antoine, Saint-Ambroise, Saint-Ursin, et Sainte-Christine ; celle de l'hôpital, dédiée à saint Jean et à saint Blaise ; situé près d'une des portes de la ville, l'hôpital, après avoir appartenu aux comtes de la Marche, devint propriété de l'abbaye, à part quelques biens qui furent donnés à Notre-Dame-la-Grande de Poitiers. Il y avait aussi dans la campagne une léproserie avec sa chapelle. Rochemaux avait alors un bourg auprès de son château et formait une paroisse.

*<br>* *

« Ce qui appelait alors l'attention de la chrétienté et de son chef sur cette petite ville d'Aquitaine, dit Mgr Pie, ce n'était plus la faveur de son royal bienfaiteur, dont la dynastie même avait disparu, mais bien la richesse de son trésor de reliques, et la renommée des miracles qui s'opéraient devant les saintes châsses. La collection des conciles et le bullaire des papes en fournissent la preuve. De plus, le style architectonique du moment décèle sa principale affectation : cet autel central entouré de colonnes et surmonté d'un dôme que couronne une tour lancée dans les airs, qu'est-ce autre chose qu'un gigantesque reliquaire superposé aux reliquaires d'or et d'argent contenus dans cet incomparable étui d'architecture ? »

Il est temps de dire quelque chose des miracles et des reliques qui faisaient de Charroux un centre de dévotion et un lieu de pèlerinage si fréquenté. Les reliques auraient suffi pour y attirer bon nombre de fidèles; les miracles seuls peuvent expliquer ce grand concours qui a duré des siècles.

Le moyen âge a été fertile en miracles. Les sanctuaires vénérés du Sauveur et de la Vierge, les tombeaux des saints ne furent si visités que parce qu'on y recevait beaucoup de grâces, et spécialement de ces faveurs tangibles que tous peuvent voir et apprécier. C'est par leurs miracles autant que par leurs vertus et leur parole que saint Bernard, saint Antoine de Padoue, saint Vincent Ferrier et tant d'autres convertissaient les foules même les plus rebelles à l'enseignement de l'Eglise; le nier serait résister à l'évidence.

Dans l'Eglise de Jésus-Christ, les miracles sont de tous les temps. Avant lui, ils se faisaient au nom du Sauveur qui devait venir et par ceux qui étaient envoyés pour préparer sa venue. Quand il parut, lui seul et les siens en produisirent ; et, depuis sa résurrection, ceux qui le confessent et qui le glorifient peuvent seuls faire des miracles, et toujours en son nom, comme le grand thaumaturge, l'apôtre saint Pierre, l'enseignait : « En son nom seul on peut être sauvé. »

Aujourd'hui encore les miracles sont nombreux ; les anciens sanctuaires conservent leur vertu et il plaît à Dieu d'en faire surgir de nouveaux. Ce n'est pas un hors-d'œuvre de le constater ici : le nom de Lourdes est sur toutes les lèvres, et ceux qui contestent les merveilles qui s'y opèrent n'essaient pas sérieusement de les connaître. De jour en jour il devient plus impossible de s'en tenir aux anciennes ou nouvelles objections d'impossibilité, de suggestion, d'affections nerveuses, etc. Les faits éclatent et se continuent dans de telles proportions et avec une évidence si écrasante que notre siècle, qui se croyait affranchi du surnaturel, va finir en se reprenant à y croire. D'une science réelle quand il s'agit de la matière, mais trop fier des résultats acquis, le dix-neuvième siècle a mérité d'être convaincu d'ignorance dans cette branche supérieure et nécessaire de l'arbre de la science, celle du surnaturel. Que de détours ont été imaginés, que d'inepties ont été dites pour nier ce magnifique ensemble de vérités divines que tous les autres siècles ont confessées ! En voulant se mettre au-dessus du bon sens, de la vérité et de Dieu lui-même, on en est venu à se demander ce que c'est que Dieu, la vérité et le bon sens ; or Dieu répond victorieusement et publiquement par le miracle, de la même manière et dans les mêmes termes qu'autrefois.

Autrefois comme aujourd'hui, l'Eglise ne se prononçait pas à la légère sur la question des miracles; par ailleurs il en est de si éclatants que le peuple, sans être infaillible, a bien le droit de dire son mot. Pendant que le peuple courait sur les pas de Jésus-Christ, les princes des prêtres dont l'envie ne ménageait ni la surveillance ni les enquêtes, n'en disaient pas moins : « Nous ne pouvons pas nier que cet homme fait beaucoup de miracles. » Les préteurs et les préfets de Rome ne méconnaissaient pas ceux dont les martyrs étaient les auteurs ou l'objet. Comme les Romains, les barbares ne crurent au Christ que grâce aux miracles de plusieurs générations d'apôtres, et le moyen âge leur dut en grande partie l'ardeur et la solidité de sa foi.

Aujourd'hui, Dieu veut que Lourdes soit le point de mire du monde entier. L'Eglise a reconnu officiellement comme certains un nombre suffisant de miracles produits par l'eau de la source qui y coule depuis l'apparition de la Vierge Immaculée. Mais, à cette enquête de la théologie et de la science médicale faite dans les premières années par l'autorité ecclésiastique, a succédé une enquête permanente de chaque jour conduite uniquement par la science. Des centaines de médecins ont attesté et attestent des centaines, des milliers de guérisons surnaturelles. sans que l'Eglise cherche à contrôler ou à contresigner leurs certificats. La science seule ici a la parole, et c'est à elle que le siècle dit siècle de la science peut aller sans rougir demander la vérité. Ceux qui nous trouvent crédules peuvent lire l'ouvrage du docteur Boissarie, *Lourdes depuis 1858 jusqu'à nos jours* (Paris, Sanard et Derangeon) ; d'ici là qu'ils se défient de leur vieil arsenal d'armes toujours impuissantes et souvent peu loyales. Nous n'avions pas besoin du bureau des constatations médicales pour croire à la possibilité et à la vérité du miracle ; mais il était nécessaire que notre génération pût, à la lumière de cette institution providentielle, éclairer ses doutes et se rendre compte du rôle et de la sagesse de l'Eglise aujourd'hui et dans tous les temps.

En ce qui concerne Charroux, l'histoire affirme qu'il se faisait de nombreux miracles à la fontaine de Saint-Sauveur. « Ah ! s'écriait-on, si je puis me transporter jusqu'à la basilique, si je puis coller mon front à la poussière de ce sanctuaire révéré, si je puis appuyer mes membres malades aux colonnes qui entourent l'autel ; enfin, si j'ai ce bonheur et cette rare fortune de pouvoir approcher mes lèvres de l'auguste reliquaire, de pouvoir y imprimer un pieux baiser, oh ! alors je serai guéri de mes infirmités morales et corporelles ; oh ! alors je serai écouté dans toutes mes demandes, exaucé dans tous mes vœux, satisfait dans tous mes désirs : *Si tetigero tantum vestimentum ejus, salva ero*. Et, en effet, il en était ainsi. Une vertu toute-puissante s'échappait ici du Sauveur, et elle guérissait tous ceux qui visitaient ce saint lieu : *Virtus de illo exibat et sanabat omnes.*

« Aussi, dit un historien, était-ce un beau jour que celui des Ostensions des saintes reliques, jour attendu pendant sept années avec une vive impatience, jour auquel se donnaient rendez vous de trente lieues à la ronde puissants seigneurs, hauts barons, bons bourgeois et gens du peuple pour venir dire des neuvaines à l'autel des Miracles, gagner force indulgences et se baigner dans la fontaine de Saint-Sauveur. Les religieux ne suffisaient pas à entendre les confessions pendant ces neuf jours, et le Souverain Pontife les avait autorisés à choisir à leur gré d'autres prêtres pour les aider dans ce ministère. De tous les points de la chrétienté on venait prier dans cette église, l'une des plus étonnantes du monde chrétien. »

Ne croirait-on pas, en parcourant ces lignes, lire un récit quelconque des pèlerinages de Lourdes ? Tant est vraie, pour l'Eglise surtout, cette parole du sage, que l'avenir est la répétition du passé : « *Quid est quod fuit ? Ipsum quod futurum est.* »

***
** **

Il est temps de parler des célèbres reliques de l'abbaye. Nous allons laisser la parole à Mgr Pie. Plus on étudie cette page magistrale, et plus on se convainc que l'illustre évêque a dit, ou peu s'en faut, le dernier mot sur cette question ; on y trouve réunies la doctrine théologique, la science historique et la prudence épiscopale, cette critique éminemment sage et éclairée qui fut toujours celle de l'Eglise.

« Le vocable du Saint-Sauveur donné primitivement et invariablement conservé au monastère et à son église, est un texte vivant qui s'ajoute à une foule de textes écrits, desquels il résulte que la dévotion de ce lieu se référait principalement à la personne adorable du Sauveur des hommes. En collectionnant les procès-verbaux des diverses époques antérieures à la dévastation de l'abbaye par les protestants, on y trouve un dénombrement et une description très étendue des châsses et des reliquaires. Un document qui date de 1445 paraît indiquer qu'au jeudi saint de cette année on exposa dans l'abbaye « soixante-quinze reliques véridiques », sans compter celles qui ne purent être produites ou aperçues à cause de la disposition de l'église. Parmi les plus anciennes et les plus notables, on remarquait des fragments de la crèche du Sauveur, de sa tunique et de son manteau, de la courroie de la flagellation, de la couronne d'épines, du saint clou, de la sainte éponge et du roseau auquel elle était attachée, du saint suaire et principalement du saint sépulcre, avec douze parcelles de la vraie Croix, des portions du vêtement de la sainte Vierge, des ossements de plusieurs apôtres et autres saints et saintes.

« On le voit, la plupart de ces reliques étaient des appartenances du mystère de notre rédemption. Trois d'entre elles que nous n'avons pas comprises dans la précédente nomenclature, jouissaient d'une vénération et d'une popularité particulières. L'une était un morceau notable de la vraie Croix, qu'on avait surnommé Bellator, et que Charlemagne fit longtemps porter devant lui dans ses expéditions guerrières. Durant son séjour à Poitiers, le roi Charles VII, ayant à recouvrer la plus grande partie de son royaume, désira être protégé contre les dangers de la guerre par ce palladium carlovingien, qui fut désormais perdu pour l'abbaye de Charroux, faiblement dédommagée par les libéralités de ce prince et de son fils Louis XI.

« La seconde était une portion du sang de Notre-Seigneur Jésus-Christ conservé à Mantoue. — Ici

s'offre une question préalable : Peut-on théologi-
quement admettre qu'une partie quelconque du sang
de Jésus-Christ soit demeurée sur la terre ?... L'évêque actuel de Bruges, à l'occasion du septième jubilé
séculaire, célébré en 1850 dans sa ville épiscopale en
l'honneur du Saint Sang, avait traité la matière dans
une dissertation digne de sa haute érudition et de son
savoir théologique. Un prêtre de son diocèse avait
publié, pour la même circonstance, un autre ouvrage
remarquable, où l'on trouve les documents et les
raisonnements les plus péremptoires sur le soin
qu'ont dû mettre et qu'ont mis en effet les premiers
disciples à recueillir tout ce qui se rapportait à Notre-
Seigneur Jésus-Christ, reliques adorables dont la
plupart étaient à la fois un souvenir de l'Homme-Dieu
et un héritage de sa Mère. Mais surtout deux grandes autorités de l'Église latine appellent l'attention.
La plus récente est celle du pape Pie II, qui, à l'occasion du concile célébré à Mantoue en 1459, adoptant
les conclusions du cardinal de la Rovère (plus tard
Sixte IV), prononça qu'il ne répugnait en aucune
façon à la vérité de la foi d'affirmer que Notre-Seigneur avait laissé quelques gouttes de son sang sur
la terre, en témoignage de sa Passion. Un de ses
devanciers, près de sept siècles auparavant, avait
déjà tranché la question. Ce même saint Léon III,
qui consacra l'église de Charroux en 799, fut amené,
quatre ans après, à examiner sur place la valeur de
la relique principale conservée à Mantoue. Il réunit
à cette occasion les hommes les plus savants, les
prélats de toute la contrée, et, après les discussions
les plus profondes, il se prononça pour la vérité de la
tradition qui concernait cette illustre relique. »

Enfin une troisième relique était particulièrement
l'objet de la dévotion des fidèles. — « Le premier
mystère douloureux de la vie de notre divin Sauveur

a été le mystère de la Circoncision, accompli à Bethléem huit jours après la naissance de l'Enfant-Dieu. Les hommes de ce siècle n'ont pas la simplicité de la foi ni la gravité d'esprit requises pour entendre ce que la tradition nous a transmis sur ce point. Ils souriraient de pitié si, par exemple, les paroles contenues dans le livre si autorisé des Révélations de sainte Brigitte étaient placées sous leurs yeux. Pour nous, qui savons nous abstenir d'aborder à contre-temps les questions qui n'appartiennent pas à la foi ni à la doctrine générale de l'Eglise, s'il arrive qu'elles nous soient imposées par les circonstances, nous avouons n'avoir pas la force d'esprit qui consiste à n'apporter que des dénégations préconçues et des plaisanteries méprisantes là où des hommes comme Suarez, Salmeron, le cardinal Tolet, le pape Benoît XIV et tant d'autres ont trouvé la matière d'une discussion grave et sérieuse. Mais sans anticiper sur ce que nous aurons à dire plus loin, contentons-nous d'exposer ce qui est historique. On est d'accord que la relique de l'Enfant-Dieu, qu'on a cru posséder à Charroux, n'avait pas fait partie des présents envoyés par Charlemagne et qu'elle y datait tout au plus de Charles le Chauve. Le pape Innocent III, qui la mentionne dans son traité *du saint Sacrifice de la Messe*, objecte la prétention semblable de l'église de Latran, et, laissant la chose dans le doute, il conclut qu'il vaut mieux abandonner le tout à Dieu que de définir quelque chose témérairement. Enfin les souverains pontifes, dans leurs bulles d'indulgences à l'occasion des Ostensions et du culte des reliques de ce monastère, n'ont mentionné la tradition qui concerne cette dévotion spéciale qu'avec la parenthèse ordinaire: *ut fertur, ut pie creditur.* C'est moyennant cette clause restrictive, qui réserve la question de fait, que les papes ont pu accorder quelquefois des faveurs spirituelles à divers lieux pour une même relique, et autoriser à l'usage des églises particulières des légendes qu'on ne pourrait concilier entre elles. Observons d'ailleurs, en passant, que la possession d'une simple parcelle a souvent suffi pour qu'une église fût réputée posséder un objet entier. »

Nous reprendrons plus loin cette citation en ce qui concerne la découverte des reliquaires et leur contenu.

***

Voici cependant de nouvelles lumières et des détails intéressants qui nous sont apportés au sujet de la dernière relique dont Monseigneur Pie vient de parler.

Mgr Barbier de Montault, dans son savant travail sur Charlemagne, s'applique à prouver que la précieuse relique revendiquée par Saint Jean-de-Latran lui est venue de Charroux par Charlemagne. Un très rare opuscule italien, s'appuyant sur de nombreux auteurs anciens et recommandables, et dont Mgr Barbier de Montault examine et discute les arguments, affirme qu'il en est ainsi.

Charlemagne, en possession de ce pieux trésor, le transféra d'Aix-la-Chapelle à Charroux. Ainsi disent le bienheureux Jacques, Alphonse Salmeron et autres. De leur côté, le cardinal Fieschi, Panvinis, Pierre de Natalis et autres prétendent que ce fut Charles le Chauve qui prit la sainte relique à Aix-la-Chapelle pour la déposer dans l'église du Saint-Sauveur à Charroux. A part cette confusion entre les deux Charles, tous sont d'accord en ce qui regarde Charroux. Mais Jean Diacre, dont la narration est la plus ancienne, cité par le cardinal Rasponi, rapporte qu'au temps de Léon III la relique fut mise dans une croix d'or rehaussée d'hyacinthes, et que Charlemagne la donna au Pontife pour la basilique de Saint-Jean-de-Latran, à l'occasion de son couronnement le jour de Noël de l'an 800.

L'empereur, conclut Mgr Barbier de Montault, voulant témoigner sa reconnaissance au pape, lui offrit ce présent, mais non sans en laisser une parcelle à l'abbaye qu'il ne voulut pas déposséder entièrement, comme en témoigne le culte public maintenu et encouragé par les bulles de plusieurs papes. La relique avant d'aller à Rome fut donc d'abord à Charroux, qui en conserva quelque chose.

Tous les auteurs affirment qu'elle fut alors placée et conservée à Saint-Jean-de-Latran. Lors du sac de Rome par les troupes du connétable de Bourbon, les soldats pillèrent les reliquaires. L'un d'eux eut pour sa part une cassette bien fermée. Arrêté par des paysans près de Calcata, petite ville à 27 milles de Rome, il put dissimuler et enfouir l'objet de son vol sacrilège Mais étant tombé malade à Rome, il révéla le secret à son confesseur et mourut. Les recherches ordonnées par Clément VII n'aboutirent que trente ans après ; la cassette fut ouverte et on y trouva la sainte relique à côté de plusieurs autres. Deux ans après, des miracles que rapportent le cardinal de Tolède, le cardinal Rasponi et autres écrivains, s'étant opérés, Paul IV envoya deux chanoines de Saint-Jean-de-Latran pour reconnaître la relique. En vain le chapitre appuyé par le pape réclama son bien, ses démarches demeurèrent sans résultat.

La relique est toujours honorée à Calcata qui en célèbre solennellement la fête tous les ans au jour de la Circoncision de Notre-Seigneur ; cinq Souverains Pontifes ont accordé des indulgences pour cette solennité.

* *

Après la citation donnée ci-dessus et qui devra être continuée plus loin, il n'est pas inutile de faire une remarque sur les reliques de la Passion en particulier. On est parfois étonné d'entendre dire que la même relique est honorée dans plusieurs endroits, et l'on est vite porté à en conclure à une erreur de la piété des pasteurs et des fidèles. D'abord il n'y a pas toujours identité, des reliques très distinctes l'une de l'autre pouvant porter le même nom. Par exemple, sous le nom de saint Suaire on vénère trois linges différents : celui qui enveloppait le corps du Sauveur dans le sépulcre, un autre qui couvrait sa tête divine, et enfin un troisième qui servit à le couvrir sur la croix. C'est ainsi que Rome, Turin et Aix-la-Chapelle ont leur saint Suaire. On appela aussi de ce nom le *linge de Véronique qui essuya la face du Sauveur et qui porte son image.* Charroux posséda autrefois une portion du suaire qui couvrit la tête du Sauveur.

Dans les villes de Monza, Milan, Rome, Jérusalem, Trèves, Paris, Toul, Carpentras, Florence, Sienne, Venise, on dit avoir un clou de la Passion. Evidemment plusieurs de ces clous ne sont que des imitations. Celui de Trèves, don de l'impératrice sainte Hélène, et en l'honneur duquel on a construit une superbe église, est d'une authenticité incontestable. Quant aux autres, entre-t-il quelque chose des vrais clous dans leur composition, ce qui est vrai pour plusieurs, ou ont-ils seulement été en contact avec eux, il est difficile de le savoir. Il est certain que sur les bords du Rhin et en beaucoup d'endroits de la France, les ravages des Normands qui ont dévasté les monastères et les bibliothèques expliquent facilement l'absence des plus anciens documents. Charroux eut en sa possession un fragment du saint clou.

De même pour le titre de la croix qui était non pas un parchemin, mais une planchette, on en cite trois qui sont des fragments complétés et dont deux seulement nous restent, à Jérusalem et à Rome. Le fragment inséré dans ce dernier est celui qui porte les mots *Nazarenus rex* et NAZAPENYC B. On en trouve ailleurs plusieurs parcelles ; Charroux en a une encore aujourd'hui.

La couronne d'épines a été partagée entre nombre d'églises. Pise, Florence, Venise, Trèves, Autun, Toulouse, Arras et autres villes en ont quelques épines ; mais la principale relique se voit à Notre-Dame de Paris. La couronne se composait d'un cercle, environ de la grosseur du petit doigt, formé par des joncs très fins reliés par des attaches également de jonc. Les soldats y avaient enfoncé des épines qui portaient tout autour sur la tête du Sauveur ; c'est cette partie de la couronne qui se voit au trésor de Notre-Dame. Pour qu'elle pût tenir sur la tête, les soldats y attachèrent transversalement deux autres cordes de joncs, en forme de croix ; et sous ce diadème improvisé ils glissèrent des branches d'épines qui paraissent être de deux sortes, le *Rhamnus* ou *Zizyphus spina Christi* et le *Crataegus*. Charroux a eu autrefois une ou plusieurs des saintes épines ; il en possède encore un fragment.

La sainte Tunique, vêtement que le Sauveur portait sur la peau, est à Argenteuil, près Paris. Charroux en possède une parcelle. La sainte Robe est à Trèves.

La vraie Croix fut partagée dès le iv<sup>e</sup> siècle. Constantin en reçut de sa mère sainte Hélène une portion qu'il divisa lui-même. Sainte Radegonde en reçut un fragment considérable de l'empereur Justin II par l'entremise du roi Sigebert. La croix restée à Jérusalem, tombée entre les mains des Perses, reprise quatorze ans après par Héraclius, fut peu après, par crainte des Sarrasins, divisée en dix-neuf parties plus ou moins inégales. Jérusalem en conserva quatre ; le patriarche en envoya une à Charlemagne dont Charroux eut une belle part. Un des reliquaires renferme actuellement un peu de la relique donnée à sainte Radegonde et des parcelles des anciennes reliques.

Beaucoup d'églises possèdent une relique de la vraie Croix. On a prétendu que le volume actuel de ces reliques dépassait de beaucoup le volume probable de la croix de Jésus-Christ. Un pasteur allemand a été jusqu'à écrire que toutes ces reliques réunies fourniraient la matière d'un vaisseau de guerre. Cette exagération inconvenante n'a absolument rien de sérieux. M. Rohaut de Fleury, voulant s'éclairer sur ce point, entreprit un voyage à travers l'Europe et en Orient. D'après lui, la somme de toutes les reliques connues n'égalerait pas le dixième du volume de la Croix. En tenant compte du caractère approximatif de ce genre de calculs, on n'arriverait certainement pas à un maximum équivalent au quart de ce qu'étaient les croix en usage chez les Romains. Notons que si, dans le diocèse de Poitiers, beaucoup de paroisses ont le bonheur de posséder, grâce aux filles de Sainte-Radegonde, des parcelles, d'ailleurs très légères, de la vraie Croix, il n'en est pas ainsi ailleurs.

S'il est nécessaire de ne pas tomber dans la crédulité à l'endroit des saintes reliques, il est bon de se prémunir contre l'excès contraire. Saint Grégoire de Tours lui-même eut un reproche à s'adresser sur ce point. Contemporain de sainte Radegonde qu'il visita plusieurs fois, il refusait de croire à l'authenticité de sa relique de la vraie Croix, et il fallut plusieurs miracles remarquables pour le faire changer d'avis.

*<br>* *

Mgr Pie nous parlait tout à l'heure des soixante-quinze reliques exposées le jeudi saint de l'année 1445 dans l'église de l'abbaye. Or, quatre siècles auparavant, dans un inventaire tiré d'un manuscrit du xive siècle par dom Fonteneau, les reliques de l'abbaye sont nommément désignées, sans qu'on puisse toutefois savoir le nombre exact des reliquaires, plusieurs objets pouvant être mis dans la même châsse. On y compte neuf reliques de la Passion, deux de la sainte Vierge, et beaucoup d'autres des apôtres, des saints, la liste comprenant quatre-vingt-huit noms. Mais, chose à remarquer, dans cette longue énumération trois reliques font défaut : la relique insigne de la Croix, le *Bellator*, qui pourtant était alors à l'abbaye, comme tout l'indique et d'après le récit d'Adémar ; la relique du Saint-Vœu, et celle du Saint Sang de Mantoue, desquelles il est souvent parlé dans les bulles des Souverains Pontifes et dans d'autres documents bien connus. D'où vient cette omission, sinon probablement de la place à part, du rang hors de pair qu'occupaient ces objets vénérés ?

D'après une enquête faite en 1506, au sujet de la disparition de plusieurs reliques et autres objets précieux appartenant à l'abbaye, les témoins affirmèrent que, sept ou huit ans auparavant, il avait été enlevé un beau reliquaire tout d'or, en forme de pomme, garni de pierres précieuses, contenant un fragment considérable du tombeau de Notre-Seigneur ; la châsse de saint Éloi, mesurant un pied en hauteur et en longueur et un demi-pied en largeur, ornée de pierres fines, et une magnifique croix d'or ; le tout estimé à quinze ou vingt mille livres. D'après le procès-verbal, beaucoup de choses étaient en souffrance à l'abbaye par le fait de l'abbé commendataire Louis Fresneau qui ne résidait point, et qui était décédé récemment. Il ressort en plus de la déposition des témoins que ce même abbé avait fait donner par le trésorier, au seigneur de Grignoux, l'une des épines de la couronne de Notre-Seigneur qui était parmi les saintes reliques.

Remarquons-le en passant, il n'est pas surprenant que, conservant la tradition qui survit toujours dans nos contrées, les pèlerins qui viennent à Charroux fassent leur pèlerinage non seulement à Saint-Sauveur, mais aussi à tous les Saints, c'est-à-dire à tous les bienheureux dont les reliques étaient honorées dans l'ancienne basilique.

*<br>* *

Charroux eut à souffrir de l'occupation anglaise et du passage des bandes étrangères. Cependant les rois d'Angleterre tinrent toujours l'abbaye en haute considération. Le roi d'Angleterre Henri II l'avait prise sous sa protection et s'en était déclaré l'avoué. Le roi Richard Cœur de Lion, héritier de l'attachement que son père avait témoigné aux bénédictins de Charroux, demanda en mourant que son cerveau et ses entrailles y fussent déposés. Le fameux Prince Noir s'en fit également le protecteur.

Sans entrer dans de plus longs détails sur les faveurs ou sur les marques d'intérêt dont l'abbaye fut l'objet de la part des papes et des rois, il est bon de noter que Clément VII, par une bulle en date de 1379, donna à l'abbé de Charroux des privilèges épiscopaux. Il ajouta aussi des indulgences pour le jour de l'Ostension de la Sainte-Vertu ou Saint-Vœu, qu'il était dans l'usage de faire tous les sept ans. En retour de la relique de la vraie Croix *Bellator*, Charles VII avait accordé des rentes, et Louis XI avait donné six lampes d'argent pour brûler à perpétuité devant le Saint-Vœu. Le roi voulut que cette donation se fît avec pompe. A cet effet, les lampes furent envoyées à Poitiers, avec ordre aux maire et échevins de cette ville de les faire porter eux-mêmes à l'église de l'abbaye de Charroux. Obéissant à la volonté du monarque, le maire, les bourgeois et les échevins de Poitiers commirent, pour accompagner le messager royal Estienne Danpy, MM. Rogier, Le Roy, Dambion et Mauhans, échevins et bourgeois, qui rapportèrent en effet la ratification de l'abbé et des religieux de Charroux, en date du 13 janvier 1479. Il est à remarquer que Charles VII avait eu recours à la relique *Bellator* quand Dieu lui envoya Jeanne d'Arc « pour bouter les Anglais hors du royaume de France ».

A une certaine époque, les principaux seigneurs du Poitou, de la Marche, de la Saintonge, de l'Angoumois, ainsi que les seigneurs de Pons, de Rochemaux, de Rochechouart, d'Escars, etc., devaient faire garder en armes, pendant la nuit de Noël, les portes et les murailles de la ville de Charroux, tandis que l'on montrait la Sainte-Vertu et autres reliques au peuple. Il y avait six portes de la ville : celles du Châtelet, de Saint-Laurent, de l'Hôpital, de Rochemaux, du Cheval-Blanc et de la Grille.

« L'abbaye allait avoir ses jours mauvais ; mais avant de parler des guerres de religion qui causèrent sa ruine, dit M. de Chergé, je crois devoir vous entretenir d'une cérémonie imposante qui avait lieu chaque année. Le récit n'en sera pas sans intérêt, puisqu'il nous montrera l'organisation et l'administration temporelles de l'abbaye, et le mode adopté pour la reddition des comptes de la part des prieurs et autres dignitaires relevant de la métropole.

« Par chacun an, disent les témoins oculaires, le quatorzième jour de juin, fête de la Dédicace de ladite abbaye, se tenait et célébrait le chapitre général, où se trouvaient et assistaient en personne tous les supérieurs des monastères et prieurés, membres de ladite abbaye ; se faisait une procession générale où étaient portés tous les beaux et précieux reliquaires, et faisait beau voir ladite procession, parce qu'il se trouvait en icelle ordinairement cent ou six vingt religieux, tous revêtus d'aubes blanches et couverts chacun d'une riche chape, outre un grand nombre de prêtres séculiers, curés, qui sont à la nomination dudit abbé, revêtus de même que lesdits religieux, marchant en bon ordre, et après eux ledit sieur abbé revêtu d'ornements pontificaux : et n'est pas de merveille s'il y avait en ladite église si grand nombre de chapes, pour ce que, outre celles que les rois et autres grands personnages y avaient données, c'était une coutume introduite de longtemps en ladite abbaye que tout aussitôt qu'un religieux était pourvu pour supérieur en un des monastères ou prieurés d'icelle abbaye, la première fois qu'en cette qualité assistait audit chapitre général, il portait une chape neuve, laquelle, après qu'il l'avait portée aux cérémonies, il la laissait au trésor de ladite église, et s'en servait tous les ans en pareil jour et cérémonies ; lesquelles cérémonies étant achevées, tous entraient au chapitre, où se faisait une harangue publique sur le sujet de cette assemblée ; et, l'ouverture faite de la conférence des affaires, on remettait le tout au lendemain et aux jours suivants pour traiter de la partie des grandes et importantes affaires de l'abbaye et de tous les monastères, prieurés et cures dépendant d'icelle. Chacun des prieurs représentait l'état de son bénéfice au spirituel et au temporel, et prenait ordre de ce qu'il avait à faire pour le bien d'icelui.

*<br>* *

« Jusqu'à la fin du xv<sup>e</sup> siècle, continue M. de Chergé, l'abbaye de Charroux avait grandi à l'ombre de la puissance royale ; elle avait été l'objet de la vénération des princes, des grands, du peuple et des fidèles.

Une ligue redoutable, composée de seigneurs séculiers
et même ecclésiastiques, la dépouilla alors d'une partie de ses biens et de ses richesses. Il fallut une bulle
du pape Innocent VIII adressée en 1492 à l'abbé de
Nanteuil pour faire restituer par la voie des censures
toutes les usurpations commises au préjudice de l'abbaye.

« Mais cette tentative coupable n'était qu'un pré-
lude. Luther, profitant de la disposition des esprits
qui réclamaient une sage réforme, sut exploiter avec
adresse la jalousie des hauts seigneurs contre la richesse et la puissance territoriale du clergé ; il mit
ainsi dans son parti tous les ambitieux qui pour se
faire riches se firent protestants. Aussi la Réforme
passant d'Allemagne en France, où elle se personnifia
dans Calvin, les seigneurs qui avaient restitué en
qualité de catholiques ce qu'ils avaient primitivement
usurpé, voulurent aussitôt prendre leur revanche ;
plusieurs même se précipitèrent sur la vieille abbaye.»
Malgré ses fortifications, malgré le secours de ses
nombreux vassaux appelés à sa défense, la ville de
Charroux ne put pas toujours repousser avec avantage
les efforts des spoliateurs, et le sort trahit plus d'une
fois le courage de ses habitants. Poitiers avait vu, en
1562, les calvinistes profaner les églises, jeter aux
flammes les reliques des saints, sans épargner les
restes vénérés de la sainte reine Radegonde ; mais le
maréchal Saint-André s'étant rendu maître de la ville,
châtia les insurgés et fit pendre le maire de Poitiers,
principal auteur de ces désordres. En 1569, Coligny,
battu à Jarnac, mais ayant renforcé son armée, se
disposait à marcher sur Paris quand son entourage le
pressa de faire le siège de Poitiers et de s'en emparer
avant de passer la Loire. L'amiral y consentit et in-
vestit la ville, espérant en avoir raison en peu de
jours. C'est alors qu'un de ses lieutenants, Roger de

Carbonnières, baron de Mont-Rocher, châtellenie du comté de la Basse-Marche, qui commandait un régiment de huguenots, passant par Charroux pour se rendre à Poitiers où l'appelait l'amiral, s'empara de vive force de la ville. Tout fut mis à feu et à sang. L'abbaye, qui était elle-même fortifiée, fut prise et incendiée, les moines furent massacrés. Les reliques, les châsses d'or et d'argent, les pierreries, les ouvrages précieux, tout fut pillé. Une grande partie de la voûte de la nef fut la proie des flammes, les voûtes du chœur furent coupées et abattues, les sculptures mutilées.

Ce Carbonnières était un des mauvais génies de l'armée protestante. Avant la bataille de Jarnac, il avait mis à sac l'abbaye et l'église de Saint-Jean-d'Angély, détruit le chef de saint Jean-Baptiste dont parle Adhémar ; comme il avait, à Angoulême, pillé la châsse et livré aux flammes les reliques de saint Cybard mentionnées également par le vieux chroniqueur. Il arriva à Poitiers pour voir lever le siège à l'amiral qui, ne pouvant triompher de la résistance du duc de Guise et craignant d'être pris entre deux feux, se dirigea vers le nord-ouest. Après avoir mutilé les magnifiques tombeaux de la collégiale d'Oyron, pillé l'église et l'abbaye de Saint-Jouin-de-Marnes, s'appuyant sur cette position, il fit face au duc d'Anjou posté à Moncontour. La bataille se livra dans la plaine qui sépare ces deux localités, l'amiral fut vaincu et blessé, son compagnon le prince de Condé fut tué, et Carbonnières dut aller chercher ailleurs à continuer ses farouches exploits.

A partir de cette date, l'abbaye fut ruinée ; les ressources dont elle disposait encore, peut-être mal employées, ne suffirent pas à la reconstruire ; à peine restaura-t-on la partie principale, le chœur de la basilique. Les moines se recrutèrent difficilement, on dut même les autoriser à loger en ville, et il n'en restait que douze lorsque Louis XV les réunit au chapitre noble de Brioude en 1760. En 1793, les bâtiments du monastère servirent de prison aux suspects, puis ils furent vendus nationalement et achetés par lambeaux. Sa destruction s'acheva en 1820 et en 1831. Il n'en resta plus que la salle du chapitre, et la tour construite au-dessus du maître-autel, qu'on ne réussit pas à renverser.

« Cette magnifique tour qui est encore debout, dit M. Amédée Brouillet, est le seul débris que nous puissions admirer aujourd'hui de cette splendide construction. Chose bizarre, après tant d'orages de toute espèce, après tant de siècles, c'est le sanctuaire, le chœur de l'église qui est resté debout, haut et fier comme autrefois. Ce sont les fameuses reliques, si célèbres au moyen âge et qui avaient été la cause de son érection, qui nous ont été rendues par un hasard providentiel. Il semblerait en vérité que cette vieille tour ait résisté aux tempêtes des siècles passés pour abriter encore, un jour, ces précieux dépôts qu'elle avait protégés au temps de sa gloire et de sa puissance et dont on l'avait privée depuis longtemps. »

*<br>* *

Dans une brochure de M. Dalhoue, curé de Charroux en 1719, ayant pour titre : *Exhortation instructive sur la dévotion envers le Sauveur, célèbre à Charroux* et lieux circonvoisins, c'est-à-dire cent cinquante ans après la ruine de l'abbaye, on lit ce passage : « Il est vrai que cette ancienne piété est fort déclinée. Les reliques, ou transportées, ou cachées çà et là par diverses révolutions, se sont enfin perdues ; l'ostension qui s'en faisait tous les sept ans avec une procession solennelle ne se connaît plus ; les indulgences ne s'y communiquent plus... »

D'après ce passage, on peut voir que cette dévotion, quoique diminuée, persévérait encore chez les fidèles, et que le passé n'était pas oublié. Un siècle plus tard, la démolition même des murailles et du chœur de la vieille église ravivait ce souvenir. Or, le 9 août 1856, les religieuses Ursulines à qui appartient ce qui reste de l'abbaye, faisant ouvrir un passage dans l'une des arcades de l'ancien cloître, les maçons trouvèrent, dans un trou d'échafaudage, large de six pouces carrés, deux magnifiques reliquaires, en argent doré, bien conservés et fort remarquables au point de vue de l'art ; et avec eux, un troisième plus petit, en cristal, qui était ouvert et vide. M. l'abbé Papot, alors curé de Charroux, en ayant donné connaissance à Mgr Pie, Sa Grandeur députa une commission d'enquête chargée de s'informer de quelle manière et dans quelles conditions ces reliquaires avaient été trouvés. Puis, ces précieux objets, apportés à Poitiers dans le palais épiscopal, furent ouverts en présence de l'évêque, de son éminent ami, Mgr Cousseau, évêque d'Angoulême, et d'une commission archéologique assemblée extraordinairement à l'évêché.

Pour la description des reliquaires retrouvés et pour ce qui concerne l'analyse de son contenu, nous rendons la parole à Mgr Pie, en intercalant çà et là dans le texte quelques détails empruntés à M. Amédée Brouillet.

« D'abord il n'y avait pas à s'occuper du cylindre en cristal, monté en argent, qui était autrefois présenté à la vénération des fidèles, puisqu'il avait été trouvé vide et privé de sa clôture à l'une des extrémités. Seulement on pouvait douter si la relique contenue dans ce petit meuble n'était pas l'une des plus révérées, et si elle n'en avait pas été extraite avant l'enfouissement. Dans cette hypothèse, il faudrait admettre que cette relique, conservée quelque temps hors du reliquaire, a disparu dans l'un des pillages du monastère avec tant d'autres choses saintes. Car, quelle que soit la valeur des objets qu'un heureux hasard venait de nous rendre, ils ne forment assurément que la moindre partie de l'ancien trésor charolais. Qui sait si d'autres richesses n'ont pas été enfouies dans d'autres parties des bâtiments clausraux, et si l'avenir ne nous réserve pas d'autres découvertes ? »

« En ouvrant un des grands reliquaires, on en trouva un quatrième, petit flacon en cristal, terminé par un couvercle en argent, qui évidemment se trouvait enfermé dans le grand sans y être à sa place et seulement pour pouvoir être caché plus facilement. On s'est demandé si le corps noirâtre qu'il contient et qui avait semblé à tous les témoins être de la chair desséchée ou du sang coagulé, ne serait pas la particule du Saint-Sang détachée de la relique de Mantoue. On n'a pu aller à cet égard au delà de la conjecture. »

Passons aux deux principaux. D'abord un délicieux reliquaire d'origine italienne ou rhénane, qui doit être du xiv\ siècle. Sur la partie supérieure, de forme ronde, repose un couvercle à sept côtés, représentant chacun un trèfle surmonté d'un fronton triangulaire orné de crossettes et reposant sur deux colonnes. Entre chacun des sept frontons s'élève une petite tourelle ; au milieu de ces tourelles une huitième domine les autres, à deux étages, et surmontée d'une croix double, à la façon des croix italiennes. Dans chaque trèfle ou ogive étaient de délicieuses peintures sur vélin, représentant des personnages nimbés sur fond d'or ; on voit encore des parcelles de leurs vêtements, mais il serait difficile d'en reconnaître le caractère ; des perles fines entouraient ces saints personnages.

La partie du vase sur laquelle repose ce couvercle est ronde et a douze centimètres de diamètre. On y voit à l'extérieur quatre petits médaillons carrés représentant des personnages en métal sur un fond d'émail bleu. Entre ces médaillons existait, lors de la trouvaille de ces objets, une bande de vélin appliquée sur une feuille de cuivre, et sur laquelle on voyait encore des fragments de lettres gothiques. C'étaient probablement les authentiques du reliquaire ; mais le vélin tomba au contact de l'air, la feuille de cuivre seule est restée. Ces quatre médaillons représentent l'ange de l'Annonciation, la Vierge qui écoute ses paroles, le Christ enseignant, et la Vierge avec l'Enfant Jésus.

Le fond de cette partie cylindrique est un magnifique et rare morceau de cristal de roche supporté par les statuettes des quatre évangélistes d'une exécution remarquable. Ces figurines reposent chacune sur une branche de vigne dominant chacune une ogive que décoraient des personnages peints sur vélin.

Enfin la tige élégante qui supporte cet ensemble se termine par un pied circulaire à sept lobes, où marchent des lions et des griffons complètement en relief, avec des moulures où des pierres sont habilement enchâssées.

Or, ce chef-d'œuvre d'orfèvrerie est l'ostensoir d'un petit reliquaire de forme ronde d'environ cinq centimètres de diamètre, avec cette inscription † AZO COMES JUSSI : Moi, comte Azo, j'ai ordonné. Ce curieux bijou renfermait un fragment d'étoffe. « Etait-ce un morceau du saint Suaire donné par Charlemagne ? était-ce la portion du vêtement de la Vierge mentionnée dans les inventaires? En considérant les sujets sur métal émaillé qui décorent le reliquaire et ceux qui étaient peints sur vélin, on a reconnu qu'ils représentaient presque exclusivement les mystères de la vie de la sainte Vierge. Conformément à ces données, ne devenait-il pas vraisemblable que la chose sainte incluse dans ce splendide cylindre était la relique du vêtement virginal ? Nous avons eu soin d'établir que c'était là une simple vraisemblance. »

« Mais la discussion la plus considérable devait porter sur le reliquaire dont la partie supérieure est en forme d'armoire carrée et divisée en trois panneaux ouvrant triangulairement, en haut et sur les faces latérales. Au centre de cette châsse, tapissée extérieurement en filigranes parsemés de vingt-quatre médaillons niellés aux armes de France et de Castille, s'élèvent deux anges, les ailes ouvertes, parfaitement drapés, élevant dans leurs bras un médaillon ovale encadrant et supportant une boîte romane en or. Sur chaque face de cette boîte se voit gravée l'image du Sauveur glorieux ; et sur sa tranche on lit ces paroles : *Hic caro et sanguis Christi continetur :* Là est renfermé la chair et le sang du Christ.

Dans cette boîte romane se trouve un reliquaire byzantin, également en or. On y voit l'image de la Vierge nimbée, entourée de lettres grecques placées verticalement les unes au-dessus des autres, donnant cette inscription : † EIDOU † O VIOS SOU † : « Voici votre fils ». Sur l'autre face sont représentés deux saints martyrs du calendrier grec avec leurs noms écrits en lettres grecques niellées. Enfin sur le contour de ce même orale une invocation à la Vierge également en grec. « Il nous sembla manifeste que ce petit reliquaire en or n'avait pas eu pour destination première de renfermer la relique indiquée par la légende latine. L'objection, loin de s'aplanir, s'est grossie par l'ouverture du médaillon et par l'inspection de son contenu. La vis qui fermait ce vase ayant été levée, nous trouvâmes deux parcelles du bois sacré disposé en forme de croix, et appliquées sur un assemblage de diverses autres reliques où l'on pouvait discerner quelques ossements, des matières minérales et un mastic spongieux. La présence de fragments de la vraie Croix n'avait rien qui pût nous étonner, puisque le trésor de Charroux, outre le célèbre morceau surnommé *Bellator*, avait possédé jusqu'à douze parcelles de l'instrument du salut des hommes. La nature des autres objets s'expliquait pareillement, puisque l'envoi de Charlemagne avait surtout consisté en reliques de la sainte Crèche, du saint Sépulcre, des divers instruments de la Passion, etc. Mais rien dans l'aspect des choses ne permettait ni de nier absolument, ni de discerner aucunement l'existence de la relique particulière indiquée par l'inscription latine et par la tradition séculaire. La première notice, publiée chez l'imprimeur Dupré, s'étant exprimée à cet égard en termes qui pouvaient paraître affirmatifs, nous fîmes parvenir nos réclamations à l'auteur, qui s'offrit à y faire droit, et qui supprima en effet dans le texte inséré au *Bulletin des antiquaires* ce qu'il avait avancé d'après des renseignements qui manquaient de précision. »

Ce reliquaire, de forme carrée, qui sert d'ostensoir aux médaillons dont nous venons de parler, est en argent doré, son style est du XIII<sup>e</sup> siècle ; cette armoire mesure douze centimètres sur chaque face et environ quatre centimètres de profondeur. A l'intérieur des trois portes triangulaires sont gravés en haut l'image du Sauveur, à droite et à gauche un moine à genoux en posture d'adoration. Ces figures sont d'un dessin correct et habile. Le pied du reliquaire ressemble assez à un pied de calice.

*<br>* *

L'enquête faite au sujet de ces reliquaires et de leur contenu appelait une conclusion. « Il n'y avait pas de doute que les reliquaires découverts n'eussent fait partie de l'ancien trésor de Charroux, et que les reliques qui y étaient conservées ne fussent du nombre de celles qui avaient été vénérées publiquement en ce lieu jusqu'au milieu du seizième siècle. Par ailleurs, la nature particulière de chacune de ces anciennes reliques ne pouvait pas être spécifiée et déterminée d'une façon absolue. »

« Dans ces conditions, l'axiome du droit ecclésiastique avait son application manifeste. Là où la tradition est immémoriale et l'identité établie, la possession du culte est un titre solide, qui ne pourrait être détruit, dit le savant Mabillon, que par des preuves certaines et évidentes. La présomption, continue-t-il, est en leur faveur, et il y a bien de l'apparence qu'on ne les a pas exposées d'abord sans les avoir bien examinées. Les anciens canons le prescrivent..... Il est donc de l'équité de juger en faveur de la possession, à moins que l'on n'ait de bonnes raisons d'en douter, mais par des raisons précises, et non vagues et générales. D'autant que le retranchement que l'on ferait de ces anciennes reliques peut causer de fâcheux mouvements et de mauvaises impressions dans l'esprit des fidèles. »

« Toutefois, dans le cas présent, il fallait prévenir de fausses suppositions, et, pour cela, éviter que rien de hasardeux ne fût énoncé concernant telle ou telle des reliques retrouvées. Les membres de la commission d'enquête, conformément à des règles et à des exemples connus en cette matière, furent donc unanimes à demander qu'aux reliques anciennes et indéterminées, qui seraient maintenues dans les vases où nous les avions retrouvées, on ajoutât d'autres reliques dont la provenance fût connue et l'authenticité régulière. La chose nous fut rendue facile, tant en ce qui concerne le culte du

Saint-Sauveur que celui de sa bienheureuse Mère. »

« Notre Eglise de Poitiers a le privilège de posséder dans le monastère de Sainte-Croix l'un des morceaux de la vraie Croix le plus historiquement célèbre, puisque c'est celui à l'occasion duquel a été composée, lors de son arrivée dans nos murs, l'hymne *Vexilla Regis* que le monde entier répète depuis treize siècles. Avec l'assentiment des pieuses filles de Sainte-Radegonde, nous en prélevâmes un fragment pour cette destination exceptionnelle. D'autres reliques ayant trait aux mystères de la naissance et de la mort de Notre-Seigneur nous furent procurées. De plus, j'avais personnellement l'avantage de posséder un morceau du saint vêtement de Marie si pieusement honoré dans la cathédrale de Chartres depuis plus de mille ans (dont il a été parlé plus haut, dans le récit du siège de Chartres par Rollon). Moyennant ces précieuses ressources, tous les désirs de la commission purent être satisfaits, et, sur sa proposition, j'adoptai et je rendis une ordonnance dont les considérants et le dispositif résument minutieusement toute la substance de ce qui vient d'être dit, et dont la lecture, pour ce motif, semblerait superflue. »

Il n'est cependant pas inutile de préciser le contenu actuel de chacun des reliquaires dont nous venons de parler.

1° Dans le petit reliquaire en cristal, trouvé ouvert et vide, qui contenait autrefois les saintes reliques que l'on donnait ordinairement à baiser aux fidèles en dehors de la solennité de l'ostension, ont été déposées : Quelques parcelles des anciennes reliques trouvées dans les deux reliquaires précédents. Deux parcelles, l'une du Manteau de pourpre, l'autre de la sainte Eponge provenant du dépôt du cardinal Caprara certifié par l'évêque de Genève. Un fragment de la Colonne de la Flagellation apporté de Rome par Son Eminence le cardinal Dupont.

2° Dans le reliquaire à tourelles, dit de Notre-Dame, dans la boîte qui y était déposée, au tissu qui y restait déjà considéré comme ayant fait partie du saint Suaire ou, plus probablement, du vêtement de la sainte Vierge, on a ajouté une parcelle de la sainte Tunique de la bienheureuse Vierge Marie ; des fragments des langes et de la robe sans couture de Notre-Seigneur ; du manteau de saint Joseph ; des ossements de sainte Anne, mère de la sainte Vierge, et de sainte Elisabeth, cousine de la bienheureuse Vierge Marie provenant du cardinal Caprara.

3° Dans le reliquaire de forme carrée, dit reliquaire du saint Sauveur. Dans le médaillon en or renfermé dans une double boîte soutenue par des anges, ont été superposées au bois existant de la vraie Croix d'autres parcelles extraites du morceau de la vraie Croix conservé dans le monastère des filles de Sainte-Radegonde. Au mastic formé par le dépôt des anciennes reliques ont été ajoutés : des fragments de la sainte Crèche, de la grotte de Gethsémani, de la Colonne de la Flagellation, des Fouets, du Roseau, de la Couronne d'épines, du Titre de la croix et du saint Sépulcre de Notre-Seigneur Jésus-Christ.

4° Le petit reliquaire de cristal à couvercle pointu en argent, qui avait été trouvé enfermé dans le reliquaire précédent, et qui contenait un corps noirâtre ayant l'apparence de chair desséchée ou de sang coagulé, a été remis dans le grand reliquaire en question et attaché par une chaîne d'argent au bras de l'un des deux anges. On a ajouté à son contenu des fragments du Manteau de pourpre, du saint Suaire et de l'Eponge avec laquelle on présenta à boire à Notre-Seigneur sur la croix, reliques provenant du dépôt du cardinal Caprara.

Voici maintenant les dispositions prises par

Mgr Pie en ce qui concerne le culte des reliques actuelles conservées à Charroux

« Il y aura une ostension solennelle des deux reliquaires du saint Sauveur et de Notre-Dame, tous les sept ans, à partir de l'année 1862.

« En dehors de l'époque des ostensions et des processions exceptionnelles qui seraient indiquées par l'Ordinaire, les deux reliquaires du saint Sauveur et de Notre-Dame pourront être montrés aux étrangers venus de loin pour les visiter; mais ils ne devront pas être tirés de leur châsse, ni encore moins être sortis du monastère.

« Pour satisfaire à la dévotion quotidienne des fidèles, le petit reliquaire en cristal pourra être donné à vénérer et à baiser à ceux qui se présenteront aux jours et aux heures convenables. »

« Donné à Poitiers... le quatorze juin de l'an de Notre-Seigneur mil huit cent cinquante-neuf, le mille soixantième anniversaire de la Dédicace de l'église du Saint-Sauveur de Charroux célébrée par le pape Léon III, à la date du 14 juin 799. »

Depuis 1862, en vertu de cette ordonnance, l'Ostension des reliques a été célébrée solennellement et avec un grand concours de peuple. Cette année, le 17 juin 1897, Sa Grandeur Monseigneur Pelgé, évêque de Poitiers, a daigné présider cette fête, entouré d'un nombreux clergé, et au milieu d'une affluence considérable de fidèles. Deux magnifiques reposoirs avaient été dressés, l'un sous la tour monumentale, l'autre devant la façade du nouvel hospice.

Pendant six ou sept heures, deux prêtres ont fait vénérer les reliques à la foule venue de loin pour satisfaire sa dévotion.

Plusieurs de nos reliquaires ont été retrouvés, d'autres sont probablement perdus pour toujours ; mais le Christ, Fils de Marie, le Sauveur du monde, demeure et demeurera éternellement.

Dans l'ancienne abbaye, dont les lieux réguliers subsistent encore, et où sont conservés et visités les reliquaires, les Dames Ursulines de Jésus, de Chavagnes, dirigent depuis cinquante ans un pensionnat où les jeunes filles reçoivent une éducation chrétienne et une instruction aussi solide que variée. On peut s'adresser à Madame la Supérieure pour visiter les reliquaires.

# ABBÉS DE L'ABBAYE DE CHARROUX

1. Dominique, nommé par Charlemagne.
2. David, 799.
3. Just, sous Louis le Débonnaire, travailla à ranimer l'étude des lettres.
4. Gombaud I<sup>er</sup>, 830.
5. Walfroi.
6. Guillaume I<sup>er</sup>, 862.
7. Frotaire, sous Charles le Chauve, qui porta la relique *Bellator* à Angoulême.
8. Grinfie, 879.

— Ici il existe une lacune ; elle doit être attribuée à l'incendie qui réduisit l'abbaye en cendres à cette époque.

9. Alboin, évêque de Poitiers, 937.
10. Adalbaud.
11. Pierre I<sup>er</sup>, qui, ayant osé acquérir cette dignité à prix d'argent, fut déposé et remplacé par
12. Gombaud II (1014), abbé de Saint-Savin.
13. Geoffroy I<sup>er</sup>, 1017, commence à rebâtir l'église.
14. Hugues I<sup>er</sup>, 1019.
15. Raynaud.
16. Foucher, 1028, sous lequel l'église fut dédiée par onze évêques.
17. Hugues II, 1050.
18. Fulrade ou Foucaud, 1077.
19. Pierre II, qui fit dédier l'église par Urbain II, 1096.
20. Foucaud ou Foucard, 1147.
21. Jourdain I<sup>er</sup>, 1155.
22. Guillaume II, 1187.

23. Geoffroy II, 1195.
24. Guillaume III, 1203.
25. Hugues III, 1208.
26. Jourdain II, 1217.
27. Aimeric, 1220.
28. Jourdain III, 1234.
29. Pierre III, 1279.
30. Guy de Baussay.
31. Raymond de Châteauneuf, 1295.
32. Pierre IV Bertaud, 1340.
33. Matthieu, élu évêque d'Acqs, 1358.
34. Pierre V la Flotte, 1373.
35. Géraud de Jovion ou de Chonac.
36. Bertrand, 1398.
37. Adémar, 1410.
38. Guillaume IV Robert, 1440.
39. Jean Ier Chapron, 1477.
40. Louis Ier Fresneau, abbé commendataire, 1481.
41. Geoffroy III de Cluys de Briantes, 1504.
42. Pierre VI Chasteigner de la Rochepozay, 1543.
43. Lazare de Baïf, ambassadeur de François Ier à Venise, 1545.
44. René de Daillon, d'abord évêque de Luçon, puis abbé de Charroux en 1559, ensuite évêque de Bayeux en 1567.
45. Pantaléon de la Roche-Jaubert, 1588.
46. François Ier de la Roche-Jaubert de Cumont, 1600.
47. Jean de la Roche-Jaubert, 1623.
48. Armand-Jean Duplessis de Richelieu, cardinal.
49. Richard Smith, 1642.
50. Jules cardinal de Mazarin.
51. Louis II Maurice de la Trémoille de Laval, 1650.
52. Frédéric-Guillaume de la Trémoille de Talmont, 1681.
53. Charles Frottier de la Messelière, doyen de Saint-Hilaire de Poitiers, 1689.
54. François de Crussol d'Amboise, 1727, depuis évêque de Blois et archevêque de Toulouse.
55. N. de Montmorillon, 1759, chanoine, comte de Lyon.

---

POITIERS. — SOC. FRANÇ. D'IMPR. ET DE LIBR. (OUDIN ET Cie).

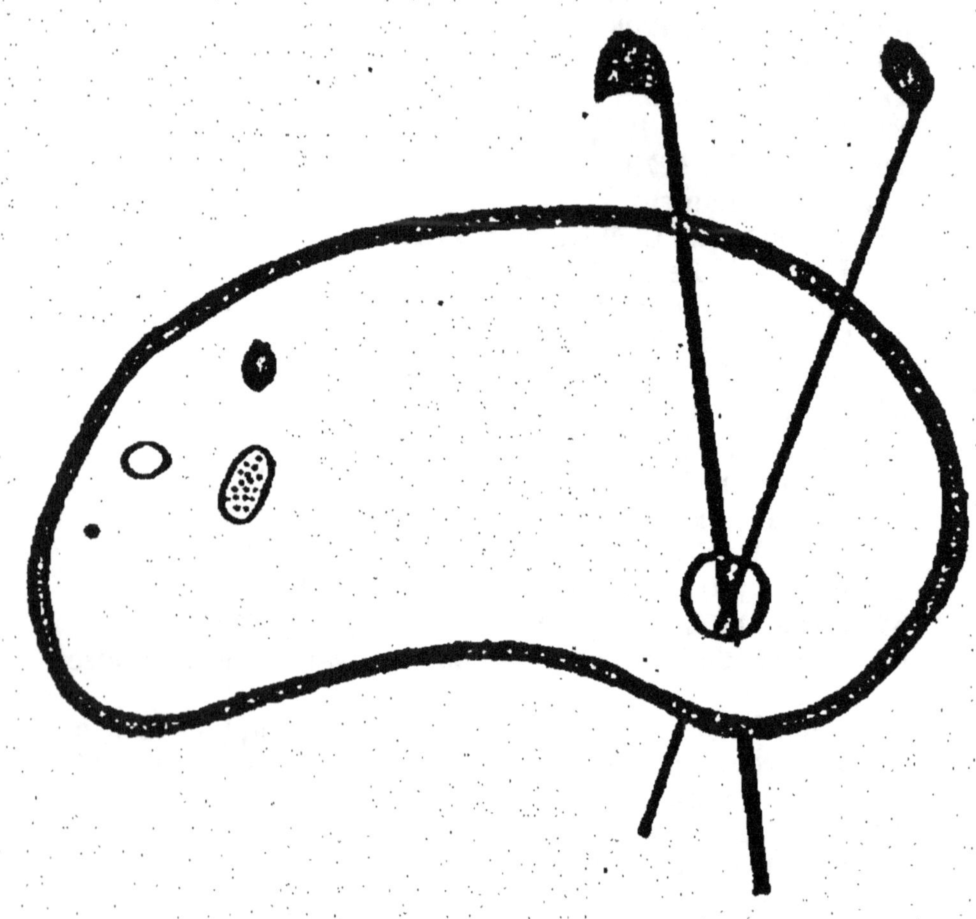